AF494348

LETTRES

A UN BLESSÉ DE JUILLET

SUR LA RÉVOLUTION

DE 1830.

PAR BESNIER.

(PRIX : 20 CENT.)

PARIS,

CHEZ BRICON, RUE DU VIEUX-COLOMBIER, N° 19;

ET CHEZ L'AUTEUR, RUE GRENETAT, N° 12.

AVIS AUX LECTEURS.

J'ai manifesté dans mon Traité des Preuves de la Religion, et ensuite dans une brochure sur le Principe de la Souveraineté, dernièrement par un Avis adressé à tous les journaux révolutionnaires, le désir de trouver un écrivain de bonne foi, défenseur des doctrines philosophiques et libérales, qui voulût discuter contradictoirement avec moi les grandes questions de la religion et de la politique. Cependant aucun écrivain des deux fractions du parti libéral n'a cru devoir relever le gant ; personne n'a voulu prendre part à l'entreprise la plus propre, par sa nature, à éclairer les esprits, à mettre un public impartial et de bonne foi en état de porter un jugement, d'assurer son opinion.

Assurément, on ne saurait trouver dans ce refus une preuve de la franchise, de l'impartialité du parti libéral, de sa profonde conviction de la vérité des principes qu'il a voulu faire adopter à la France, et dont le triomphe l'a conduite à l'état où elle est réduite aujourd'hui.

En attendant donc qu'il se présente un adversaire, ce dont je commence à douter, je traiterai les questions politiques dans des Lettres que je publierai successivement, et pour donner autant que possible à cette discussion l'intérêt de débats contradictoires, je demande le concours d'un public, au bon sens et à l'impartialité duquel je ne cesserai d'en appeler. Ce public est l'ami auquel j'adresse mes Lettres, et dont je sollicite les objections. Je répondrai à celles qui me seront proposées.

Ces Lettres paraîtront de mois en mois. Les personnes qui auront souscrit * chez le libraire, ou chez moi, rue Grenetat, n° 12, les recevront à domicile.

Plan que je me propose de suivre. De l'inégalité politique. L'ancienne royauté, en défendant ses droits, remplissait un devoir envers le peuple. De la royauté et de la Charte de 1814. La Charte a été violée, dans son esprit et dans sa lettre, par l'adresse des 221, et ensuite par le corps électoral. Elle ne l'a pas été par Charles X. Constitutionnellement parlant, ce prince ne pouvait pas la violer. Quels ont été les véritables parjures?

Après avoir prouvé l'injustice de l'insurrection qu'on appelle résistance légale, je traiterai des principes généraux de la politique. — 1° De la souveraineté nationale ou du pouvoir considéré dans ses formes. De la nation et de la nationalité. De l'unité et du caractère national. De la nature de la volonté nationale. La volonté nationale, fondement du droit. Absurdité du système de souveraineté nationale des hommes de juillet. — 2° De la légitimité ou du pouvoir considéré dans ses règles de transmission. Le droit politique repose sur la même base que toutes les autres légitimités. — 3° Du droit divin, ou du pouvoir considéré dans son principe et dans sa source. La souveraineté qui n'est qu'une restriction à l'indépendance naturelle, ne peut avoir son principe que dans l'auteur de la nature. Dieu seul peut donner un tel pouvoir, et, par conséquent, en autoriser les limites, les règles, les diverses modifications. Ainsi le droit divin, la légitimité, la souveraineté nationale ne sont que trois manières différentes d'envisager le pouvoir, et constituent le même droit fondé sur trois espèces de preuves.

* Les lettres devront être affranchies.

LETTRES
A UN BLESSÉ DE JUILLET
SUR LA RÉVOLUTION DE 1830.

PREMIÈRE LETTRE.

De l'inégalité politique. Les pouvoirs sont établis et se maintiennent dans l'intérêt des peuples ; ainsi c'était pour Charles X, comme il le disait lui-même, un devoir de transmettre intact à ses successeurs les droits de sa couronne attaqués en 1830, par le principe démocratique.

Enfin le despotisme est tombé : le peuple par sa brillante victoire a reconquis ses droits. Ceux qui depuis quinze ans défendent généreusement nos intérêts, viennent d'obtenir la juste supériorité qu'ils doivent avoir sur les autres pouvoirs, comme représentants du peuple. Telles sont à peu-près, mon ami, les paroles par lesquelles tu me témoignais ta vive satisfaction quelques jours après les événements de juillet. Encore dans l'énivrement de la victoire, prévenu comme tu l'étais des idées de bonheur, dont le peuple, la classe laborieuse surtout, alloit jouir, tout occupé des promesses dont ceux pour qui tu venais de répandre ton sang t'avaient leurré pendant quinze ans ; tu étais alors bien peu disposé à recevoir d'autres impressions, j'aurais tenté inutilement de combattre tes opinions sur la révolution de 1830 : d'ailleurs tu étais blessé et souffrant ; fallait-il ajouter à tes douleurs, à tes inquiétudes sur les suites de ta blessure, la triste certitude d'avoir agi contre les intérêts de ton pays que tu avais cru servir ! Si même j'étais loin de partager ta vive satisfaction, au moins j'éprouvais quelque plaisir en voyant ton erreur, tes préventions favorables pour l'intérêt public, te faire supporter tes souffrances avec courage et donner le change à tes inquiétudes personnelles. Aujourd'hui, mon cher, un an et quelques mois se sont écoulés depuis notre glorieuse révolution; tu es entièrement rétabli : je puis donc te parler d'autant plus librement que j'attends de toi la même liberté et la même franchise dans tes réponses. Que sont devenus, mon ami, toutes tes espérances de bonheur? Qu'elles ont été cruellement trompées! Qu'est-il résulté de nos journées mémorables? La source du bonheur public est tarie, le commerce est arrêté, les travaux sont interrompus, les impôts sont doublés. Et, ce qui est une suite naturelle de l'abaissement du pouvoir royal, de la suprématie dévolue à la chambre des députés, au corps électoral, suprématie qui a été le principe et le résultat de l'insurrection, un nouvel impôt va peser sur la classe laborieuse et pauvre, va frapper le père de famille, la veuve, le vieillard; cet impôt dont tu viens de recevoir l'avertissement, sans doute en récompense du sang que tu as répandu pour transférer à tes bons députés l'autorité souveraine de nos anciens rois. Je sais qu'il y a une proposition de rapporter ou de modifier la loi du 26 mars, mais cette proposition n'a été faite qu'en présence de la misère générale, des émeutes, de l'insurrection; peut-être même n'a-t-elle été prise en considération que pour apaiser les murmures dans des circonstances si critiques; d'ailleurs, le rejet de cette proposition à la discussion du budget dit assez ce qu'elle deviendra.

Mais envisageons les choses du beau côté : si la révolution nous donne la misère et l'augmentation des charges, si elle oblige la classe laborieuse et pauvre de payer l'air qu'elle respire si péniblement, d'acheter le droit de travailler pour satisfaire le luxe et la mollesse des autres classes, elle nous a, par compensation, valu à tous des avantages politiques inappréciables. Qu'était en effet l'ancienne royauté? La France, il est vrai, l'a salué à son retour des plus vives acclamations, mais elle prétendait exister par un droit de succession, de naissance. (Je suis fâché, soit dit entre nous, qu'on ait établi le même droit pour la nouvelle). Qu'était la Charte de 1814, que tu as tant aimée pourtant et pour laquelle tu as volé au combat? Tout cela n'était rien, mon ami. L'enthousiasme avec lequel nous allâmes, tu t'en souviens, au devant de l'ancienne royauté, nos transports de reconnaissance pour le bienfait de la Charte n'approchaient pas de ce que nous devons éprouver pour la royauté et la Charte de 1830. Celles-ci viennent de nous; elles sont véritablement nôtres, ton bon ami le *Constitutionnel* a dû te le faire observer le matin du 8 août 1830, en t'apprenant que la veille tu t'étais gracieusement donné une Charte et un Roi auquel sans doute tu n'avois cessé de penser pendant les trois jours. Si tu voulais absolument n'avoir participé en rien au vote de cette Charte, à l'élection de ce Roi, je te présenterais pour preuve de la réalisation des promesses que l'on t'a faites, des droits que tu as conquis, les 16 fr. et quelques centimes que tu vas payer annuellement à l'État. Oui, mon ami, ces avertissements, ces sommations sans frais ou avec frais, ces contraintes collectives dont les anciens rois t'avaient si despotiquement privé, sont pour toi environ la quarantième partie de ce qu'il faut avoir, ou si tu veux de ce qu'il faut payer, pour être apte à devenir par l'élection, la quatre cent cinquantième partie d'un corps qui participe d'un tiers à l'exercice de la souveraineté. Et puis plains-toi maintenant : viens me dire que tu t'es battu pour rien, que tu n'as pas plus de droits, que tu n'es pas plus souverain qu'avant nos glorieuses et mémorables journées.

Mais quittons le ton de la plaisanterie; aussi bien il entre plus dans mes intentions de défendre le malheur, de rectifier tes idées sur ce qui regarde les vaincus, les exilés, que d'attaquer les vainqueurs, que d'exciter en toi de la haine pour ceux qui ont profité de la victoire. Maintenant donc que l'effervescence a cessé, que les passions ont commencé à se calmer, que l'on peut comparer l'état de choses qui a suivi la révolution avec celui qui l'a précédé, permets-moi de te rappeler tes principes, tes assertions, les imputations graves que tu as fait peser sur l'ancienne dynastie et sur son auguste chef; discutons-les avec calme et méthode, et rendons franchement hommage à la vérité. On peut être abusé, on peut montrer un noble enthousiasme, faire de généreux sacrifices pour soutenir de faux principes que l'on croit vrais, mais quand une fois on a reconnu l'erreur on doit s'attacher irrévocablement à la vérité; rien n'est beau que le vrai.

Nous naissons tous libres et indépendants, disais-tu; il n'y a pas d'autre souverain que le peuple. Tu es, je crois, un peu revenu aujourd'hui de ce principe absolu de souveraineté du peuple; tu vois qu'il est impossible que trente-deux millions d'hommes s'entendent sur les lois qui doivent les gouverner, que ces lois ne sauraient, sur le moindre caprice de la multitude, être tous les jours remises en question; qu'en adoptant même le système représentatif, tous les citoyens ne pourraient participer, ou du moins participer également aux choix des représentants. Tu conviens que tu n'as été nullement consulté en août 1830, que dans le cas le plus important, celui où il s'agit d'établir les bases du gouvernement, le seul où le peuple doive intervenir, puisqu'une fois le gouvernement établi, il doit, selon nos régénérateurs, donner sa démission, que dans ce cas là dis-je, le peuple n'a pu nullement être consulté, la chambre de 1830 n'ayant tenu son mandat que de la nécessité. Précieuse souveraineté, mon ami, que celle qu'on ne doit pas exercer quand le gouvernement est établi, et qu'on ne peut exercer quand il s'agit de l'établir! Tu vois enfin non seulement que tu n'es pas plus souverain aujourd'hui que tu ne l'étais en juin 1830, mais encore que tu ne saurais l'être davantage. Laissons donc de côté la souveraineté du peuple, nous y reviendrons quand nous discuterons le principe, la source du pouvoir, ses règles de transmission, etc.

Nous sommes tous égaux, disais-tu encore; par conséquent point de privilége. S'il nous faut un Roi, au moins que ce soit de nous qu'il tienne ses pouvoirs. Le nouveau Roi, je le veux, ne tient ses pouvoirs que de nous: c'est du moins ce que dit la loi qui punit les attaques dirigées contre son autorité: mais en quoi cela le fait-il notre égal, si nous ne pouvons lui ôter ce droit que nous lui avons donné? et sans parler de ces murs, de ces fossés par lesquels on sépare le palais des Tuilleries de la partie du jardin, qu'on veut bien laisser au public, je ne vois pas en quoi ce nouveau Roi est plus rapproché de nous que ses prédécesseurs. Le Roi actuel, me diras-tu, a des droits, des prérogatives moins étendues que celles que revendiquait Charles X. Cela est vrai, l'insurrection contre les ordonnances, qui n'étaient que la suite des prétentions du Roi au libre choix de ses ministres, sans le contreseing desquels rien ne pouvait se faire dans l'état, insurrection qui faisait ainsi passer la souveraineté, de la couronne dans le pouvoir démocratique, dans le corps électoral dont les députés étaient les représentants, a, du moins pour quelque temps, beaucoup diminué le pouvoir de la couronne. Mais est-il bien vrai que l'égalité ait gagné de cet abaissement du pouvoir royal? Raisonnons un peu, mon ami.

Tous les hommes naissent égaux, c'est-à-dire aucun n'a le droit naturel de commander aux autres, ils ont tous la même origine, tous la même destination, les mêmes devoirs généraux, les mêmes droits à la jouissance des biens de la nature : mais il s'en faut beaucoup qu'ils soient égaux en ce sens, qu'ils aient autant de forces les uns que les autres, qu'ils aient tous le même génie, les mêmes moyens physiques et moraux. Ils sont égaux en droits, mais très inégaux en facultés. Or, que feroit ce droit égal, devant l'inégalité des forces, chez des hommes aveuglés par les préjugés, dominés par les passions, la cupidité, l'intérêt personnel? Les faibles seraient opprimés par les forts, les hommes simples et peu éclairés, dupés par les intrigants et les ambitieux; il faut donc pour que les hommes puissent jouir, autant que cela est possïble, de ce droit égal à la jouissance des biens de la nature, à l'indépendance, à la liberté, il faut qu'à l'inégalité des forces morales et physiques soit opposée une inégalité que l'on appelle politique. Cette inégalité politique ne fait donc, en neutralisant l'inégalité des forces que protéger, l'égalité du droit naturel. Ainsi le principe révolutionnaire de l'égalité est faux et destructif de toute égalité véritable. Il faut dans la société des pouvoirs politiques; ces pouvoirs de quelque nature qu'ils soient sont toujours pour le peuple.

La révolution, diras-tu, n'a pas détruit les pouvoirs, elle les a modifiés avec raison; n'est-il pas naturel que les autres pouvoirs marchent dans le sens de la représentation nationale; que l'autorité suprême soit exercée par les députés? Cela peut être. mon ami, si ces députés représentent en effet tous les citoyens, mais quand, sous certains rapports, ils n'en représentent qu'une partie, ils ne doivent être que pouvoir secondaire, et cela dans l'intérêt de la véritable égalité, du bonheur général. Entrons dans quelques détails. On distingue trois formes principales de gouvernement : la monarchie, l'aristocratie et la démocratie : le gouvernomont d'un seul, celui des principaux, celui de tous. Toutes ces formes de gouvernement sont pour le bien et le bonheur du peuple, aucune n'est mauvaise en elle-même, elles ont toutes une bonté relative.

Ainsi il est possible que la démocratie soit plus convenable à un petit État où les hommes peuvent facilement se connaître, s'entendre, où, vu leur petit nombre, ils peuvent tous participer au gouvernement, où les affaires publiques étant moins compliquées sont plus facilement suivies par les esprits ordinaires. Par contre, dans un État vaste et populeux, on conçoit que la monarchie est plus avantageuse à l'intérêt général. Ici la machine gouvernementale est nécessairement très compliquée. Les hommes entassés pour la plupart dans de grandes villes, ne peuvent ni se connaître ni s'entendre ; si le gouvernement est démocratique, les intrigants, les ambitieux pourront facilement les abuser et satisfaire leur cupidité à leur dépens, et comme les citoyens sont trop nombreux pour qu'ils puissent tous sans confusion participer au gouvernement, la majorité incapable de gouverner sera nécessairement vexée, opprimée par la minorité souveraine. Au contraire, dans la haute sphère où est placé le monarque, hors de contact avec les intérêts particuliers, il en est le protecteur impartial; son autorité est une garantie d'autant plus sûre de la paisible jouissance des biens et autres droits sociaux, qu'elle protége les classes laborieuses et pauvres contre les exigences, les vexations des autres classes; c'est une barrière opposée à l'abus des forces morales ou physiques, intéressée qu'elle est à les tenir dans leurs limites respectives et à empêcher la lutte des intérêts. Ainsi plus est grande l'inégalité des forces physiques et morales, plus les États sont vastes et populeux, plus aussi doit être grande l'inégalité politique. Pour revenir maintenant au système représentatif; dans les petits États, où tous les citoyens peuvent être représentés, le corps des représentants peut être le premier, le plus grand pouvoir de l'état : dans les grands États au contraire l'élection des représentants étant nécessairement réservée à certaines classes qui ont des intérêts particuliers contraires à l'intérêt général, ou au moins à d'autres intérêts particuliers, les classes non représentées à cause de leur faiblesse, de leur peu de lumières, ont besoin d'être protégées par un pouvoir fort et puissant; alors la représentation ne peut être que pouvoir secondaire. Ainsi, en France, la chambre des députés représente bien la France entière sous le rapport des intérêts généraux, mais, sous le rapport des intérêts de propriétés, elle ne représente que le corps électoral, les propriétaires qui ont des intérêts particuliers opposés à ceux des locataires, des travailleurs, de l'immense majorité de la nation.

Un roi, dans le haut rang où il est placé, ne semble rien avoir à désirer que le bonheur de ses sujets, des moins aisés surtout, qui sont en plus grand nombre, dont le respect et l'amour font sa véritable force, et dont les surcharges et la gêne ne sauraient accroître son bien-être. Mais si l'autorité souveraine passe à une chambre de députés et par conséquent à un corps électoral, si 100 ou 200,000 petits rois viennent s'emparer des rênes de l'État, comment ces classes privilégiées traiteront-elles les intérêts des autres classes opposés à leurs propres intérêts? Les rois sans doute peuvent être influencés, abusés par l'intrigue, par d'avides courtisans, aussi je ne rejette pas, dans une monarchie, des pouvoirs aristocratiques ou démocratiques, mais ces pouvoirs ne sont que modérateurs, ils sont inférieurs à la royauté. En effet si à cause du grand nombre de leurs membres, ces corps politiques sont plus difficiles à tromper sur les intérêts généraux, ils ont aussi par cela même des intérêts particuliers opposés à ceux des autres classes, intérêts qu'ils ont d'autant plus à cœur de satisfaire que dans la position sociale où se trouve chacun de leurs membres, il lui reste encore beaucoup à acquérir. Ainsi les pouvoirs démocratiques ou aristocratiques sont pour éclairer le souverain, le pouvoir royal est pour imposer des bornes à l'ambition, à la cupidité des autres pouvoirs, de l'aristocratie des honneurs et de celle des richesses. Autant donc il est plus difficile de contenir les passions des hommes que de leur montrer ce qu'ils sont naturellement portés à faire, autant le pouvoir royal doit être plus grand que les autres pouvoirs. La royauté est donc, dans un grand État, le pouvoir le plus important, le pouvoir souverain, c'est en réalité le pouvoir le plus populaire. Le Roi est le représentant de tous les intérêts parce que dans la haute position où il se trouve, ses intérêts ne sont en opposition avec ceux d'aucune classe de citoyens. Son véritable intérêt est l'intérêt général. Mais il est spécialement le défenseur des dernières classes, de l'immense majorité de son peuple, parce que, comme je l'ai dit, il a besoin de leur respect et de leur amour, et que leur gêne ne saurait augmenter son bien être. Cependant il protège par cela même les intérêts bien entendus des classes supérieures, en leur offrant dans sa haute autorité une garantie d'autant plus sûre de la paisible jouissance des avantages sociaux, qu'elle protége les classes laborieuses et pauvres contre les véxations et la cupidité des autres classes. Il y a dans le peuple moins de gêne, plus de bien-être et partant point d'émeute, point de soulèvement, point de pillage, ce qui satisfait pleinement l'intérêt général.

L'expérience, mon ami, vient de confirmer ce que j'avance. Sous les rois de la Restauration, tant que la royauté a été premier pouvoir, que la Chambre des députés est restée dans ses droits de pouvoir modérateur, les classes pauvres et laborieuses ont été graduellement soulagées des charges publiques. L'impôt personnel qui n'était affecté qu'aux loyers de cent cinquante francs, a été d'abord diminué, ensuite il n'a plus été appliqué qu'aux loyers de deux cents francs, et, enfin, les loyers de deux cents francs même ont été exempts de tout impôt. Mais dès que par notre insurrection contre Charles X, qui croyait de son devoir envers ses sujets de maintenir les droits de sa couronne, nous eûmes placé le pouvoir suprême dans la Chambre des députés, dans le corps électoral, ces chers représentants qui, ainsi que les électeurs, leurs véritables mandantaires ont à payer de moins à l'État ce qu'ils lui font payer par la classe laborieuse et pauvre, ont beaucoup augmenté l'impôt personnel, l'ont appliqué à tous les loyers, même aux plus petits, même aux garnis, en l'appelant impôt mobilier, ils en ont ensuite ajouté un autre sous le nom d'impôt personnel; montant à trois journées de travail de l'ouvrier. Autrefois la contribution était beaucoup plus forte proportionnellement pour les gros loyers que pour les plus petits de ceux auxquels était l'impôt attaché ; aujourd'hui, cette charge est imposée à la pauvreté comme à l'opulence, elle est perçue de tous, à raison de cinq pour cent. Outre cela, par la nouvelle loi, les boutiques, ateliers, magasins et usines sont retranchés du loyer pour la fixation de l'impôt ; ce qui donne à cette mesure son véritable caractère, c'est une loi faite par des propriétaires, des patentés représentant seulement des propriétaires, des patentés, en l'absence de ce pouvoir tutélaire représentant naturel de l'immense majorité du peuple, de la classe laborieuse et pauvre qui ne peut avoir de représentants élus.

Il est vrai que si tu ne peux supporter cette nouvelle charge tu pourras, pour t'en faire exempter, mendier le pain de la bienfaisance, dont tu pouvais te passer auparavant, et solliciter un certificat d'indigence ! Triste couronnne, mon ami, que nous a léguée l'insurrection de juillet! Et observe bien que ces nouveaux impôts ne sont pas le résultat de l'augmentation des charges publiques que l'on peut supposer devoir être allégées, dans d'autres circonstances; ils sont le résultat naturel des modifications introduites dans la forme du gouvernement: ces charges des locataires, des pauvres, des travailleurs, ont été déterminées par une loi particulière. A peine quelques mois s'étaient écoulés depuis la révolution de Juillet, et déjà un de ces bons députés, de ces défenseurs du peuple contre ses rois, un de ceux qu'il avait portés en triomphe après l'insurrection, M. Laffitte est venu dire à la chambre devenue souveraine: Messieurs nous avons un moyen d'accroître les revenus sans augmenter l'impôt, c'est d'augmenter le nombre des contribuables. Ils l'avaient, en effet ce moyen, depuis que les ouvriers de Paris avaient soutenu contre Charles X les prétentions de leurs soi-disant représentants. Et, quelles que soient les suites de la proposition dont l'examen a été rejeté à la discussion du budjet, il est toujours constant que cette loi a été votée au milieu de la misère générale, sans presqu'aucune opposition, que la discussion a passé pour ainsi dire inaperçue, qu'on commence à l'exécuter avec quelque réserve cependant, au moins à Paris, et que ce n'est que devant les émeutes, la cessation des travaux et la misère poussant le peuple à l'insurrection que cette proposition a été faite, D'ailleurs, ce n'est pas seulement pour cette espèce d'impôt que le nombre des contribuables a été augmenté. De pauvres femmes, des marchandes d'herbes et de légumes à un sou, ont aujourd'hui à payer une patente de 16 francs ajoutée à l'impôt personnel : le mince trafic, que font certaines femmes hors des halles et des marchés, est regardé comme profession patentable par un gouvernement entièrement dépendant du corps électoral, de la moyenne propriété. Et c'est le lendemain d'une révolution faite par le peuple et pour le peuple, c'est au milieu des troubles et de la misère générale qu'on prend de telles mesures! Grand Dieu que ne fera-t-on pas quand les souvenirs seront plus éloignés, dans des temps de calme et de travail? O peuple! qu'as-tu donc fait!

Le peuple, diras-tu, opposera ses murmures, ses révoltes comme il le fait aujourd'hui. Mais, mon ami, est-ce ainsi que peut prospérer la société? Ces nouvelles charges imposées aux malheureux, les émeutes, les révoltes qui ont amené la proposition prise en considération par la chambre, viennent à l'appui des principes que j'ai développés : tout cela prouve que dans un grand Etat, sans l'autorité supérieure du monarque, les classes représentées et par conséquent souveraines, sont en lutte continuelle avec la classe non représentée. Cette succession périodique d'exigences et de murmures, d'oppression et de révoltes accuse le vice de la constitution actuelle des pouvoirs en France, l'absence d'une haute autorité, protectrice impartiale de tous les intérêts; elle prouve que les modifications introduites dans les pouvoirs par les prétentions des chambres de 1830, prétentions soutenues ensuite par l'insurrection parisienne, étaient contraires à la nature de la monarchie, seul gouvernement convenable à la France, et devaient être repoussés par le pouvoir royal dans l'intérêt du peuple.

Reprenons pour conclure. L'inégalité politique ne tend qu'à protéger autant que possible l'égalité du droit naturel, en neutralisant l'inégalité des forces; et, comme dans un Etat vaste et populeux l'abus des forces physiques et morales est plus facile et plus funeste, la faiblesse a besoin d'une plus haute protection, l'ordre général veut une garantie plus forte dans un pouvoir appelé royal. Ainsi les pouvoirs quels qu'ils soient, quand même ils ne seraient pas appelés populaires, sont établis pour le peuple; c'est dans l'intérêt du peuple qu'ils se maintiennent, et c'est pour eux un devoir de le faire.

C'était donc avec grande raison, c'était dans un intérêt véritablement populaire, que le roi Charles X, se plaignant des obstacles qu'on cherchait à apporter au bien qu'il voulait faire, disait dans son dernier discours d'ouverture des Chambres, qu'il était de son devoir envers son peuple de transmettre intacts à ses successeurs les droits de sa couronne. La droiture de ses intentions, sa bonté naturelle lui faisant ajouter qu'il trouverait la force de surmonter les obstacles qu'on lui opposait, dans sa ferme résolution de maintenir la paix publique, dans la juste confiance des Français, et dans l'amour qu'ils avaient toujours montré pour leurs Rois. Mais, hélas ! l'opposition par ses attaques continuelles, par ses manœuvres, par ses insinuations perfides, avait effacé dans beaucoup de Français ces sentiments de confiance et d'amour; cette fausse opinion que les députés, représentants naturels des intérêts de propriété, étaient les défenseurs du peuple contre le gouvernement, pour qui le peuple n'avait plus alors que de la méfiance, que, puisque la Chambre se trouvait en lutte avec le Roi, celui-ci devait avoir des intentions contraires aux intérêts de la nation ; cette fausse opinion, dis-je, porta les classes laborieuses à prendre les armes contre celui qui, dans une position trop élevée pour trouver quelqu'intérêt dans leur gêne, dans leur malaise, était leur défenseur naturel, leur véritable représentant.

Je termine ici cette lettre en te priant de ne pas prendre tout ce que je te dis comme un engagement indirect à te soustraire à ce nouvel impôt. Les émeutes, les soulèvements, les révoltes, ne font jamais qu'arrêter le commerce, interrompre les travaux, et sont funestes à l'intérêt général, surtout à celui des travailleurs : loin donc de moi une telle pensée. Je n'ai voulu, je te l'ai dit, que rectifier tes idées sur la catastrophe de juillet, que défendre d'augustes exilés, au moins dans leur honneur. Je cherche à te convaincre aujourd'hui que ce nouvel impôt qu'on fait peser sur la classe la plus nécessiteuse, sur celle qui supporte le poids du jour et de la chaleur, était une suite naturelle des prétentions de la première Chambre de 1830, et du corps électoral sur l'autorité du Roi, qui était toute entière dans le libre choix de ses ministres, puisqu'il ne pouvait rien faire sans leur contre-seing responsable, ministres qui n'étaient plus les siens dès qu'ils pouvaient lui être imposés ou être repoussés par le corps électoral, que, par conséquent, la résistance de Charles X à cet empiètement était dans l'intérêt général, et directement dans l'intérêt des dernières classes du peuple ; qu'ainsi les ouvriers de Paris ont agi contre leurs propres intérêts, contre ceux de la France, et ont commis une grande injustice envers une famille dont l'inépuisable bienfaisance, dont les vertus, dont les malheurs auraient dû être autrement appréciés d'un peuple généreux et l'eussent été assurément, s'il n'était pas si léger, si facile à séduire.

Mais ce Roi a été parjure, il a violé la Charte qu'il avait solennellement jurée. J'espère te montrer, mon ami, dans ma première lettre, toute la fausseté de cette odieuse imputation. En attendant, envoie-moi, je te prie, tes réflexions sur ce que je dis dans celle-ci; oppose tes difficultés à mes preuves. Du choc des opinions naît la lumière. Si tes raisons l'emportent sur les miennes, je me rends; la vérité est trop belle pour qu'on ne s'y attache pas de quelque côté qu'elle se trouve.

Eclairons-nous mutuellement, et resserrons ainsi les liens de la tendre amitié qui nous unit depuis long-temps, et que, je l'espère, rien ne pourra rompre.

Reçois, mon ami, l'expression de ces sentiments,

Ton affectionné et tout dévoué,

BESNIER.

Paris- — Imrpimerie de Béthune, rue Palatine, n. 5.

LETTRES A UN BLESSÉ DE JUILLET,

SUR LA RÉVOLUTION DE 1830.

Ces lettres paraissent successivement de mois en mois. L'auteur répond aux difficultés qui lui sont adressées. (Affranchir.)

Prix de chaq. Lettre 15 c. Chez Bricon, rue Vieux-Colombier, n. 19; et chez l'auteur, rue Grenetat, 12. Les souscripteurs reçoiv. les Lettres à domicile.

IIme LETTRE.

DE LA LÉGITIMITÉ ET DES GOUVERNEMENTS DE FAIT. — THERMOMÈTRE DE LA RÉVOLUTION DE 1830. — VARIÉTÉS.

C'est pour protéger l'égalité du droit qu'ont tous les hommes à la jouissance des biens de la nature, c'est par-conséquent dans l'intérêt des peuples que les pouvoirs sont établis et qu'ils se maintiennent tels que les a faits la nature des choses, tels qu'ils résultent de tout ce qui constitue la nationalité d'un peuple. Tel est, mon ami, le principe général dont j'ai cherché à établir la vérité dans ma dernière lettre. Un corps politique, représentant naturel des intérêts de propriétés, frappant, au milieu de la misère générale, la classe pauvre, celle qui supporte le poids du jour et de la chaleur, et sur qui, par conséquent semble déjà peser la portion la plus forte des charges publiques; cette classe, alors sans travail, ne répondant que par les émeutes, les révoltes, aux avertissements d'un impôt plus lourd et plus général que celui dont l'avait graduellement déchargé ceux qu'on lui représentait comme des tyrans; des législateurs forcés par les séditions et les révoltes à revenir sur une loi qu'ils viennent de voter sans presqu'aucune opposition, tous ces faits graves, conséquences de la révolution de juillet, confirment, comme je l'ai dit, les principes dont je crois avoir établi la vérité; ils accusent le vice de la nouvelle constitution des pouvoirs, l'absence d'une haute autorité, protectrice impartiale de touts les intérêts, et justifient la résistance de Charles X aux empiètements de la démocratie ou plutôt de l'aristocratie des richesses.

Mais ce n'est pas seulement comme nationaux, c'est aussi comme légitimes que les pouvoirs doivent, toujours dans l'intérêt des peuples, se défendre et se maintenir, parce que le droit ou la légitimité est la seule garantie de l'ordre et de la liberté dans un état. Fixons aujourd'hui nos idées sur ce qu'on entend par légitimité, voyons en quoi elle diffère d'un gouvernement tel que celui qui est sorti des barricades et que j'appellerai gouvernement de fait. Mais avant que d'entrer en matière, permets-moi quelques réflexions. J'ai dit dans ma dernière lettre qu'aux termes de la loi du 13 avril 1831, Louis-Philippe avait été appelé au trône par le vœu de la France. La charte, comme tu me le fais observer, l'avait dit auparavant, je le sais. Cependant j'ai mieux aimé m'appuyer sur la loi de 1831, en voici la raison : Nos 219 sauveurs ont dit seulement que l'intérêt du peuple français appelait Louis-Philippe à la couronne : les vœux, la volonté ne semblaient être alors que présumés, mais la loi de 1831 est plus formelle, elle dit expressément le vœu de la nation; j'ai donc cru voir qu'aux yeux des législateurs l'expérience avait changé cette présomption en certitude. Et, en effet, mon ami, quel tableau ravissant n'offre pas la situation de la France. Ne peut-on pas croire que l'acte révolutionnaire de nos 219 a été sanctionné et pour ainsi dire nationalisé par ses heureux résultats pour nos intérêts nationaux. La prospérité de notre commerce est sans exemple : nos manufactures, nos ateliers.... Qu'allais-je dire, mon ami. L'ouvrier réduit, faute de travail, à la plus affreuse misère, le père de famille n'ayant point de pain à donner à ses enfants, les populations poussées à la révolte par le désespoir, tous ces tableaux déchirants ne peuvent qu'exciter nos gémissements et nos pleurs, loin de fournir au sarcasme et à la plaisanterie, mais je ferai volontiers remarquer aux contribuables, beaucoup moins malheureux, les avantages de leur gouvernement à bon marché tant promis, depuis quinze ans par MM. Barthe, Perrier et compagnie, le changement de l'énorme budjet d'un milliard en une légère contribution de seize cents millions. Te parlerai-je de notre gloire nationale, de la considération dont nous jouissons à l'étranger, de cette conduite ferme et loyale de nos hommes d'état, qui ont souffert l'intervention après avoir promis et garanti la non-intervention, et qui, aujourd'hui, pour prouver aux étrangers que nous sommes sages (expression éminemment nationale de M. Sébastiani), interviennent eux-mêmes en envoyant 1500 hommes en Italie à la queue des 80000 hommes Autrichiens qui vont, comme l'a dit l'ambassadeur de Louis-Philippe, soumettre des *sujets* révoltés contre l'autorité *légitime*. Si nous comparons l'ancien et le nouveau gouvernement sous le rapport de la franchise, de la droiture dans la gestion des affaires, la restauration nous apparaît avec la duplicité et son jésuitisme. Vois son dernier roi comme il a su feindre ! avec quelle perfidie il annonce son dessein de maintenir ses droits et prévient ainsi ses ennemis de se disposer à la lutte ! comme il fait tomber dans le piége ce pauvre parti libéral pris au dépourvu ! (les 1800 fusils cachés avec deux pièces de canon chez M. André de Puiraveau, n'étaient pas encore distribués avant les ordonnances). A la duplicité, au jésuitisme de la restauration a succédé la loyauté du parti révolutionnaire. Il serait trop long de rapporter ici toutes les ruses, toutes les équivoques, tous les faux fuyants du libéralisme au pouvoir (ne parlons pas de ses parjures avoués, de sa comédie de 15 ans); je t'offrirais seulement pour échantillon de sa franchise les promesses nullement équivoques, nullement jésuitiques de M. Sébastiani, la manière dont il a appris à M. Lafayette qu'il n'avait pas trompé les Italiens en promettant que la France ne consentirait à aucune intervention, puisque, selon son ingénieuse remarque, *laisser faire n'est pas consentir*. Voilà, mon ami, une esquisse bien imparfaite des changements amenés par la révolution. Les législateurs de 1831 ont sans doute eu d'autres raisons de croire que la déclaration des 219 n'était réellement que l'expression du vœu de la France : ces raisons, je les ignore, et ne puis les deviner. Cependant, je n'en crois pas moins à la réalité de ce vœu, Dieu me garde d'encourir la lourde amende et la longue captivité dont sont frappés les Français qui ne *veulent* pas que Louis-Philippe tienne ses droits de la *volonté* des Français. Revenons maintenant à la question que je veux traiter; voyons en quoi le droit, la légitimité diffère de cette espèce de droit que revendiquent les gouvernements sortis d'une insurrection.

Ce qui est de droit, ce qui est légitime, c'est ce qui est conforme, ce qui est intime à la loi (*legi intimus*); en France la loi fondamentale, quant au droit politique, est la succession au trône de mâle en mâle, en ligne directe et par ordre de primogéniture. Nos constitutions françaises consacrent ce droit, que d'ailleurs paraît reconnaître la Charte de 1830. Cependant l'élection d'un roi a eu lieu dernièrement en dehors de cette loi fondamentale. Voici les faits dans toute leur simplicité. Charles X, usant de sa prérogative consacrée par la Charte, avait choisi des conseillers que repoussa un des pouvoirs secondaires. Cette lutte donna lieu à deux ordonnances qui, fondées sur un article de la Charte, en suspendaient pour un temps quelques dispositions et étaient signées par des ministres seuls responsables des actes de la couronne; cependant une insurrection éclata à Paris et renversa les autorités; c'est alors qu'eut lieu l'élection de Louis-Philippe, contrairement à la loi fondamentale, par deux cent dix-neuf Français investis, pour toute autre chose que l'élection d'un roi, de la confiance d'environ cinquante mille sur les trente-deux millions de leurs concitoyens; et ces deux cent dix-neuf Français, sans mandat, ont tellement reconnu la sagesse et la nécessité de cette loi fondamentale, qu'ils ont cru devoir la maintenir tout en la violant au détriment, non pas du roi qui avait rendu les ordonnances, et qui avait ensuite abdiqué, non pas de son fils qui avait participé aux délibérations du conseil, mais qui avait improuvé les ordonnances, (il avait pareillement abdiqué), mais d'un enfant que son innocence semblait devoir sauver de la catastrophe; d'un enfant que la mort sanglante et héroïque de son père, que les malheurs et les vertus de sa mère, si populaire en France, rendaient intéressant à tous les cœurs généreux, à toutes les âmes sensibles.

Je n'ai pas intention d'examiner aujourd'hui si la Charte a été violée par le refus de concours du principe démocratique ou par les ordonnances de la couronne; je ne veux pas non plus rechercher si, après le triomphe de l'insurrection, la chambre avait le droit d'élire un nouveau roi, même d'après le principe alors invoqué de la souveraineté du peuple. J'adopte aujourd'hui les principes révolutionnaires, je me place sur le terrain de la Charte de 1830. Je ne contesterai pas ce qu'il y a de favorable dans cette constitution à l'élection de Louis-Philippe, seulement je considérerai son gouvernement comme tous ceux qui surgissent d'une insurrection contre un pouvoir légitime, je l'appellerai gouvernement de fait, bien différent de ce pouvoir dont le droit repose sur une élection rendue nécessaire par l'absence de droits antérieurs, ou bien sur l'hérédité, sur la succession, soit que dans le principe l'élection ait été légitime, soit qu'une longue possession ait prescrit contre les vices, ou même contre l'illégitimité de l'élection.

Mais si je ne dois pas douter du vœu, de la volonté des Français en faveur de Louis-Philippe, il m'est bien permis de remarquer combien cette base est fragile, combien ce terrain est mouvant, que ces titres, quelque réels qu'ils soient, ne présentent que doute et équivoque, et appellent par conséquent les divisions, les dissentions, les révoltes, les désordres de toute espèce. Louis-Philippe tient ses pouvoirs du vœu de la nation; cela est certain, nos lois révolutionnaires le proclament. Mais d'abord que faut-il entendre par le vœu de la nation? De deux choses l'une: ou, partant du droit social, on considère la nation comme un seul être, comme un corps en tant qu'il est constitué de telle ou telle manière; ou, partant du droit naturel, on ne voit en elle que la majorité numérique des individus. Considère-t-on la nation comme une grande individualité dont les diverses parties sont unies sous le rapport des temps comme sous celui des lieux? alors c'est entendre comme nous la souveraineté nationale, c'est admettre la légitimité et toutes ses conséquences. Je vais, mon ami, te le faire voir en t'expliquant en deux mots comment les légitimistes entendent le vœu, la volonté nationale.

Les diverses circonstances d'étendue, de position territoriale, le degré de population, l'influence du climat, modifient le génie particulier des peuples, déterminent leurs intérêts, et exigent des lois, une constitution différentes; ces lois, ces intérêts, ce génie particulier, sont ce que nous appelons le caractère national. Quand une nation est constituée, les diverses parties de ce peuple ne peuvent à leur gré se séparer de la nation, se constituer indépendante, ou s'agréger à une autre nation. Si ce droit était reconnu, aucune société ne serait possible, parce qu'il résulterait de ces divisions et subdivisions une perturbation continuelle dans la position des peuples, dans leur législation, dans tout ce qui constitue l'ordre social. Cette nécessité de faire de toutes les parties d'un peuple une individualité, nous l'appelons unité nationale. Les lois, la constitution d'un peuple, sont la forme, ou plutôt l'expression de ce caractère, de cet unité. Voilà le lien national; ce sont ce caractère et cette unité qui font la nation. Telles sont, mon ami, les bases du droit politique qui n'est qu'une division du droit social, mais qui n'est pas d'une autre nature, comme cherchent à le faire croire les Perrier, les Guizot, et autres fauteurs de gouvernemens de fait. D'après ces principes, il est bien évident qu'il ne peut y avoir de volonté nationale hors des lois et de la constitution fondamentale d'un peuple; il est bien évident qu'il n'y a pas plus de volonté nationale dans l'action d'un peuple constitué en monarchie, sans la participation de son roi, qu'il n'y a d'acte humain dans le mouvement d'un corps privé de sa tête. Dès que la loi qui consacre la royauté est nulle, pourquoi celles qui constituent des corps particuliers seraient-elles quelque chose? sur quoi peuvent être fondés les priviléges des députés sur les électeurs, de ceux-ci sur les autres citoyens, des citoyens mêmes sur les mineurs, de l'homme sur la forme? toutes ces parties de l'édifice social ont la même base; ôtez cette base, adieu l'édifice : je ne vois plus de nation, je ne vois que des individus.

Voilà, mon ami, notre nationalité, notre volonté nationale. Je voudrais m'étendre davantage sur ce principe qui n'est autre chose que la consécration de tous les droits, je voudrais te montrer que cette volonté nationale, fondée sur le caractère et l'unité de la nation, embrasse les diverses époques, comme elle comprend les différentes parties d'un peuple; mais un plus long développement de ce grand principe qui, je l'espère, doit réunir tous les vrais amis de l'ordre et des libertés publiques, dérangerait aujourd'hui le plan que je me suis tracé. Hâtons-nous d'attaquer dans sa première phase la révolution de juillet, de rejeter sur ses véritables auteurs la violation de la Charte de 1814, de renvoyer à qui de droit l'odieux du parjure, et de défendre contre la calomnie, contre l'erreur et la prévention, l'honneur d'un prince naturellement bon, dont la générosité, dont l'inépuisable bienfaisance est une preuve de la sincérité de l'amour qu'il portait à ses sujets, et de sa sollicitude particulière pour les classes les moins aisées, pour celles qui, séduites par les jongleries et les perfides manœuvres du libéralisme, ont pris les armes contre leur bienfaiteur, contre leur véritable représentant.

Il est bien certain que la volonté des Français, que le vœu national exprimé dans les lois révolutionnaires, ne ressemble guère à notre souveraineté nationale ; les 219 ont bien agi sans roi, sans chef, sans les états-généraux, c'est-à-dire, sans les deux institutions fondamentales, sans les deux légitimités de la France, sans même le concours des pouvoirs secondaires qui existaient alors, la chambre des Pairs et le corps électoral. Cette nationalité ne peut donc s'entendre que de la majorité numérique des Français. Tel est, mon ami, le fondement sur lequel la Charte de 1830 a établi notre nouvel ordre de choses.

Dis-moi maintenant, comment on doit entendre cette volonté des Français ; veut-on seulement parler des Français qui existaient en 1830, ou de tous les Français présens et à venir ? Si l'on adopte la première interprétation, il est possible qu'en 1831 ou 1832, Louis-Philippe ait perdu la majorité, et par conséquent toute espèce de droit, puisque la génération se renouvelle tous les jours, que tous les jours de nouveaux hommes entrent en âge de majorité. L'âge de majorité !..... mais dis-moi donc quel est l'âge de majorité pour des hommes qui, comme vous l'avez fait en juillet, se fondent sur les droits imprescriptibles, sur l'égalité naturelle. Est-ce que la nature a fixé cet âge à vingt-un ans, à une minute près ?

Si elle n'a rien précisé, les hommes de vingt ans auraient pu aller aux assemblées primaires, si assemblées primaires il y avait eu; pourquoi en eût-on exclu ceux de dix-neuf, de dix-huit, de dix-sept, de seize? Que d'absurdités, que de niaiseries dans les principes qui ont prévalu en juillet! Diras-tu qu'il y a eu contrat, que les Français se sont engagés à obéir à Louis-Philippe d'après les clauses et conditions contenues dans la Charte? Il y aurait bien des choses à dire contre ce contrat! Je me contenterai de te demander si c'est d'après vos principes d'égalité et d'indépendance naturelle, de droits imprescriptibles, 1° que Paris a pu dire à la France, ou même que la majorité de la nation eût pu dire à la minorité : soumettez-vous, prenez le roi, la Charte, le contrat que nous vous imposons, si vous ne voulez quitter le sol de la France, abandonner les lieux où reposent vos ancêtres, le champ que vous avez fertilisé de vos sueurs; et 2° que les Français qui ont voulu l'élection de Louis-Philippe, comme cela résulte de la loi de 1831, ont pu contracter pour les Français des années subséquentes, pour des mineurs, pour des hommes qui n'existaient pas encore.

Veut-on que nos lois révolutionnaires parlent du vœu de tous les Français présents et à venir? En vérité, ce serait une chose étrange, que dans ce siècle d'incrédulité, on prétendît fonder les droits de Louis-Philippe sur un miracle. Car alors il faut un miracle, et un très-grand miracle : la vertu d'enchaîner, de déterminer les volontés, n'est pas assurément dans l'ordre de la nature. Ainsi tu seras obligé d'admettre du surnaturel, du mystère dans ta foi politique. Allons, mon ami, fais donc un acte de foi, et d'une foi d'autant plus humble, d'une abnégation d'autant plus entière à la raison, au sens commun, que tu n'allègues rien en preuve de ce merveilleux effet de notre Charte-Vérité, à moins que ce ne soit d'un côté la perfection de cette Charte, sur laquelle personne n'est déjà d'accord, et de l'autre, la prospérité, la liberté, la gloire, tous les avantages dont elle nous fait jouir. Et puis, viens maintenant sourire au seul mot de droit divin, de ce droit divin qui ne ressemble en rien aux absurdités qu'on nous prête, mais que nous fondons sur les premières notions du bon sens, et qui peut entrer dans la conviction du déiste comme dans celle du chrétien.

Ainsi ce principe constitutionnel : Louis-Philippe tient ses droits du vœu de la nation, ne peut, selon la raison ordinaire des hommes, que recevoir l'une de ces trois interprétations. 1° La société considérée comme une grande individualité dans les époques de sa durée et dans les parties de son étendue, comme unie, liée par ses institutions fondamentales et agissant par conséquent avec son roi, son chef, sa tête, a appelé Louis-Philippe au trône. Cette interprétation a contre elle l'évidence des faits; 2° les Français en 1830 ne reconnaissant que l'indépendance naturelle, que les droits imprescriptibles de la nature, ont appelé Louis-Philippe au trône, laissant aux Français de 1831 et 1832, etc., leur indépendance naturelle, leurs droits imprescriptibles. Point de société possible avec ce principe de désordre; 3° enfin les Français en 1830 ont appelé Louis-Philippe au trône en privant les Français des années subséquentes de l'usage de l'indépendance naturelle, des droits imprescriptibles au nom desquels ils ont agi. Ceci serait absurde, injuste, despotique. Voilà, mon ami, les seules interprétations que ma raison puisse donner au principe constitutionnel énoncé ci-dessus; je crois cependant à ce principe; mais il ne dépend pas de moi de le comprendre; il n'y a, diras-tu, que la foi qui sauve. Soit : Alors que je n'ai rien à craindre. Il serait en effet bien surprenant que dans un siècle de tolérance et de lumières, s'il en fut jamais, on voulût non seulement me forcer de croire ce que je ne comprends pas, mais encore de concevoir ce qui est au-dessus de ma faible raison. D'ailleurs, mon ignorance ne saurait m'être imputé à crime; tu sais combien j'aime la vérité, avec quelles instances j'ai sollicité de nos grands docteurs, une discussion contradictoire.

Pourquoi l'ont-ils réfutée? serait-ce parce qu'ils n'ont que des convictions molles, comme l'a dit dernièrement M. Guizot à la tribune de la chambre élective.

Malheureusement, si la raison ne peut concevoir notre principe révolutionnaire qui est vrai, le principe contraire qui est faux, car, en bonne logique, deux propositions contradictoires ne sauraient être vraies, est à la portée de tous les esprits; juges en toi-même.

Le droit politique ou la légitimité repose sur l'inviolabilité des conventions sociales. Comme ce droit, qui n'est que le droit de gouverner suivant les lois fondamentales, n'a rien de mauvais, est même nécessaire, il est aussi sacré que celui de posséder d'autres biens, d'autres avantages. Ensuite, la nature n'ayant pas plus déterminé que telle maison, telle propriété appartiendrait à Jacques, tandis que Paul devrait vivre d'un travail journalier, qu'elle n'a voulu que Louis concourût à la formation des lois et les fît exécuter, tandis que François vivrait soumis à ces lois ou n'aurait qu'une participation moins directe à leur confection, on n'a pas plus de raison d'invoquer le droit naturel contre les prérogatives politiques que contre les prérogatives civiles; tout cela rentre dans le droit social, qui n'est qu'une restriction au droit naturel insuffisant dans l'état actuel de l'homme. Renverser au nom du droit naturel les prérogatives politiques, n'est-ce pas reconnaître qu'on peut au même titre anéantir les prérogatives civiles, la propriété, l'hérédité, etc., qui reposent sur la même base que les premières, l'inviolabilité des conventions sociales.

Ainsi, mon ami, voici en quoi diffèrent les gouvernements de fait et les gouvernements légitimes. Les premiers sont dans le vrai (vois comme je suis ferme dans la foi constitutionnelle, avec quelle vigueur je me cramponne à l'arche du salut, à notre Charte-vérité); les premiers, dis-je, sont dans le vrai; mais personne ne comprend la raison de leurs droits. Les autres sont dans le faux; mais leurs droits sont généralement sentis. Cela est si vrai, que ceux-mêmes qui veulent passer pour comprendre ce qu'ils ne comprennent pas, réclament pour les gouvernements de fait, un baptême de gloire, comme si ces pouvoirs avaient besoin de quelque chose qui couvrît l'invraisemblance du principe, qui suppléât à la vérité, au droit, qui détournât les hommes des idées d'injustice, d'usurpation. Ces gouvernements sont donc privés d'un droit qui frappe tous les esprits, qui entre dans la conscience des peuples, de ce droit qui est si bien le seul généralement compris, qu'il est appelé légitimité et que son absence amène les discordes, les dissensions, les révoltes, les désordres de toutes espèces, et par conséquent appelle contre le peuple les vexations, les persécutions de tout genre, un despotisme brutal.

Ce sont, mon ami, ces conséquences du principe sur lequel reposent les gouvernements de fait que je me propose de développer dans ma première lettre.

Pour répondre au désir que tu me témoignes, je terminerai chacune de mes lettres par quelques réflexions sur la polémique des journaux révolutionnaires sur la marche des affaires et sur les nouveaux ouvrages politiques.

Thermomètre de la révolution de 1830.

Les deux principes sont toujours en présence; la révolution perd du terrain de plus en plus. A l'intérieur, la funeste influence du principe de la force détruit la confiance, paralyse les opérations commerciales. La stagnation des affaires est même remarquée par les journaux, qui, en appelant la révolution, en renversant le principe du droit, ont fait cesser la pospérité commerciale dont jouissait la France sous la restauration. « Rien » que treize ventes par autorité de justice, hier, sur la » place du Châtelet; les dernières colonnes du *Journal* » *de Paris* sont de véritables catacombes. Si la prospérité » commerciale continue de cette manière, tous les mé» nages y passeront. » (*Corsaire*). Le même journal faisait remarquer, le lendemain, vingt-quatre ventes.

L'influence du même principe se fait sentir sur nos relations étrangères, nous n'avons ni la guerre ni la paix, nous sommes un objet de défiance pour tous les gouvernements de droit. « On nous aime beaucoup, dit » *le National*, on veut la paix, les ratifications sont tou» jours prêtes; mais, en attendant, on ne veut nulle » part de nos troupes, on repousse de partout notre dra» peau. »

A quoi aboutira l'échauffourée d'Italie? Le pape ne veut pas que les troupes françaises interviennent dans ses états; mais si les Autrichiens y consentent, le juste milien bravera l'opposition du pape; et par cette conduite ferme et généreuse, il prouvera, dans le midi, comme il l'a fait dans le nord, qu'il lui suffit de commander à une nation de trente-deux millions d'hommes pour n'en pas craindre une de deux millions.

VARIÉTÉS.

L'ouvrage de M. de Polignac (*Considérations sur l'époque actuelle*) est un ouvrage qui excite un grand intérêt dans le monde politique. Il résulte des révélations qu'il renferme, que le prince qu'on a présenté comme visant au despotisme, avait au contraire l'intention de donner à ses peuples une nouvelle extension des libertés publiques, non de ces libertés de théorie qui ne font que le malheur des peuples, et sous l'influence desquels ils ne peuvent que tomber dans l'anarchie, et trouver ensuite, las des convulsions, le repos dans les chaînes du despotisme; mais, de cette liberté réelle, de cette liberté pratique dont la France ne pourra jouir avec la centralisation, appui nécessaire des gouvernements de fait, de cette liberté qui donne au père de famille l'influence qu'il doit avoir sur l'éducation de ses enfants, et aux communes le droit de régler, de gérer leurs affaires en commun, et pour ainsi dire en famille, sans avoir besoin de la permission de toute la hiérarchie ministérielle assemblée à Paris.

Deux lois sur ces deux importants objets, sur la liberté de l'enseignement et la décentralisation, devaient être présentées au nom de Charles X. Ces intentions bienveillantes, (et que j'appellerais libérales, si les niaiseries, les perfidies du libéralisme, la misère et la honte qu'il nous a léguées, n'avaient dénaturé la signification de ce mot) ; ces intentions ne sauraient être révoquées en doute. Elles sont consignées dans un mémoire au roi, trouvé dans les journées de juillet, aux Tuileries, et maintenant déposé au greffe de la cour des pairs, mémoire d'où il résulte encore que les ordonnances ne devaient avoir qu'un effet temporaire.

Ce ne fut donc pas pour arriver au despotisme, ce fut pour établir des libertés réelles et pratiques, seules capables de faire le bien-être des peuples, que Charles X voulut résister à une oppositon systématique dont le but, avoué depuis par tous les organes révolutionnaires, était le renversement du trône. « On a tout fait, a dit » *le National*, pour rendre à l'ancienne monarchie tout » gouvernement impossible, afin qu'elle tombât. » Et aux yeux d'un député, qui, comme le désigne M. de Polignac, est, je crois, M. Royer-Colard, il ne pouvait sortir, des deux chambres de 1830, qu'une majorité opposée à tout ministère quel qu'il fût.

Reçois, mon ami, l'expression de mon sincère attachement.

Ton tout dévoué,

BESNIER.

PARIS. — IMPRIMERIE DE BÉTHUNE,
RUE PALATINE, N. 5.

LETTRES A UN BLESSÉ DE JUILLET,

SUR LA RÉVOLUTION DE 1830.

Ces lettres paraissent successivement de mois en mois.
Prix de chaq. Lettre 50 c.
Chez Bricon, rue Vieux Colombier, n. 19: et chez l'auteur, rue Grenetat, 12.

On souscrit chez l'Auteur (affranchir), pour 3, 6 ou 12 Lettres, que l'on reçoit franches de port à Paris et dans les départements.

IIIME LETTRE.

LE DROIT OU LA LÉGITIMITÉ, SEULE GARANTIE DE L'ORDRE ET DE LA LIBERTÉ DANS UN ÉTAT. — MADAME LA DUCHESSE DE BERRY. — VARIÉTÉS.

Nous étions tous d'accord en juillet ; pourquoi aujourd'hui sommes-nous divisés? Pourquoi faut-il qu'après que nous avons reconquis notre indépendance, le démon de la discorde nous empêche d'opérer le grand œuvre de notre régénération politique ? C'est ainsi, mon ami, que tu me parlais quelques mois seulement après nos *glorieuses*. Pourquoi ne sommes-nous pas d'accord ? En vérité cela est étonnant. Peut-on ne pas s'entendre, ne pas avoir tous les mêmes goûts, les mêmes idées, les mêmes vues, quand on est si peu nombreux? trente-deux millions! Devions-nous nous attendre à ce mésaccord, après que nous aurions reconquis notre indépendance ? Eh ! mon ami, c'est précisément à cause de cette précieuse conquête que nous sommes divisés aujourd'hui, et, par conséquent, malheureux. Dès qu'il n'y a plus de droit reconnu, tout le monde veut en avoir, et tout le monde

en a réellement. Dès qu'on sort du droit social, qu'on viole les conventions faites, les droits acquis, on rentre dans le droit naturel, chacun devient alors parfaitement libre et indépendant des autres. Il vous a plu, disent les uns, d'élire Louis-Philippe pour Roi des Français; mais nous, nous voulons le fils de Napoléon. Pour nous, disent les autres, la république nous convient mieux; de quel droit prétendez-vous nous imposer vos goûts? Nous avons ensemble, usant de nos droits imprescriptibles, renversé une monarchie de 14 siècles; et vous prétendez aujourd'hui revendiquer pour vous quelque chose de cette légitimité, que, d'accord avec nous, vous avez anéantie, en arrachant la couronne du front d'un enfant, qui assurément ne pouvait être puni des erreurs ou des fautes de son aïeul. En proclamant avec nous le principe fondamental de la souveraineté du peuple, n'avez-vous pas reconnu que le peuple peut changer sa constitution et sa dynastie, sans aucune autre raison que sa volonté? Or, depuis 1814, où, on ne peut en disconvenir, les Français ont reçu les Bourbons avec enthousiasme, jusqu'en 1830, où ils ont, avec raison selon vous, renversé ce trône alors occupé par un enfant, leur volonté a changé. Ce qu'ils ont fait hier, ils peuvent le faire aujourd'hui: cela est évident. Reste donc aux partis à tout faire pour se rendre cette volonté favorable, et à constater par une bonne insurrection qu'ils ont réussi. Cela est de toute justice. Mais aussi, avec ce droit, conséquence nécesssaire de notre révolution, plus de tranquillité, plus d'ordre, plus de confiance, plus de commerce.

Sous la restauration, personne, excepté les meneurs, les chefs du parti, les comédiens de quinze ans, ne croyait au renversement de la monarchie. Il pouvait y avoir alors des comités occultes, des conspirations pour la république, dont nos ministres d'aujourd'hui, ceux qui poursuivent avec tant de rigueur et de cruauté les écrivains, les coureurs d'émeutes, les quasi-conspirateurs, se sont vantés d'avoir fait partie, qu'ils ont même présidés; il pouvait y avoir des conspirations pour le duc d'Orléans, comme l'a dit M. le chef d'escadron Lennox, en en appelant au roi Louis-Philippe lui-même, et à la bonne foi de M. Barthe, en désignant les personnes chargées de négocier : mais ces partis avaient soin de se tenir dans l'ombre; la presque totalité des libéraux n'étaient ou ne croyaient être, comme on le leur disait, que royalistes constitutionnels. Aussi, malgré cette opposition haineuse et systématique, qui cherchait à rendre tout gouvernement impossible aux Bourbons, la France tenait le rang qui lui convient dans l'Europe : ses manufactures, son commerce, tout prospérait; le principe de la légitimité, du droit, qui n'était pas alors directement attaqué, maintenait la confiance. On ne prévoyait pas de révolution : le libéralisme, toujours plein d'astuce, de perfidie, de ce jésuitisme qu'il reprochait tant à la restauration, avait soin de séduire les hommes honnêtes et crédules, en répétant sans cesse que la personne du roi était inviolable et sacrée, que le roi ne faisait jamais mal, seulement qu'il pouvait être trompé; que par conséquent ses ministres seuls étaient responsables. Ainsi, on ne prévoyait que des changements de ministères, qu'une manière de gouverner plus ou moins libérale. Aujourd'hui, au principe de la légitimité, au véritable droit national, on a substitué un prétendu droit national fondé sur la révolte, et qui n'a aucun rapport avec les lois fondamentales de la nation, un principe qui a renversé l'ancienne dynastie, sans autre raison que la volonté de ceux qui ont parlé au nom du peuple, et qui peut faire aujourd'hui ce qu'il a fait hier; principe qui laisse chacun libre, ou plutôt qui fait à chacun un devoir de travailler au renversement de l'ordre actuel, s'il le croit opposé aux intérêts, ou rejeté par le vœu de la nation. De là, nos divisions, de là les révoltes qui agitent toutes les parties de la France, de là le manque de confiance, l'interruption du commerce, la cessation des travaux, et la misère qui nous afflige.

Non, mon ami, il ne peut exister aucun ordre sous un gouvernement de fait, et je n'envisage pas l'ordre sous un rapport général, sous celui des droits sociaux; je ne dis pas que le coup porté à quelques-uns de ces droits ébranle tous les autres en en frappant la base, l'inviolabilité des conventions sociales; je ne parle que de l'ordre politique, je ne considère que les divisions, les dissensions, les révoltes, résultant nécessairement du principe qui a triomphé en juillet.

Mais s'il n'y a pas d'union, s'il n'y a pas d'ordre sous un gouvernement de fait, on ne saurait non plus y trouver la liberté pour laquelle cependant, et au nom de laquelle s'est faite notre dernière révolution. Rien de plus opposé à la liberté réelle, à une liberté pratique, aux franchises, aux droits nationaux, que cette liberté vague et indéfinie, que ces théories de souveraineté populaire, d'où résulte logiquement le droit de révolte.

Le despotisme le plus rigoureux peut seul contenir un peuple qui croit avoir le droit de s'insurger, et que par conséquent d'adroits flatteurs, des intrigants, des ambitieux travaillent continuellement à tromper et à soulever pour être portés eux-mêmes au pouvoir ; nouveaux tyrans qui opprimeront encore, musselleront nécessairement ce peuple souverain, parce qu'alors il se trouvera de nouveaux flatteurs, de nouveaux intrigants qui voudront aussi exploiter sa vanité, sa crédulité, pour, à leur tour, s'engraisser de ses sueurs, se gorger de son or et de ses richesses. Sous l'empire de la légitimité, le prince n'a rien à craindre des libertés départies à ses sujets, et cela précisément parce qu'il a des sujets ; que ses droits nationaux sont aussi parmanents que le caractère national, que la volonté nationale, dont sa volonté comme chef de la nation, comme tête du corps politique, est partie intégrante, et que par conséquent ces droits ne sont pas à chaque instant revisibles, ne dépendent pas du caprice d'une multitude qu'il est si facile d'abuser et de séduire. Plus sa position est sûre, plus ses droits sont sacrés dans la conscience des peuples ; moins il a besoin de s'entourer de forces matérielles, de gêner la liberté de ses sujets, plus il respecte leurs droits, qui d'ailleurs sont aussi des légitimités. Mais les passions, diras-tu, mais les courtisans ne pourront-ils pas changer de si heureuses dispositions ? ce sont-là, mon ami, des abus, et dans un gouvernement bien organisé, les pouvoirs modérateurs, *restant dans la limite de leurs droits*, pourront éclairer la religion du souverain, et s'opposer même à ses empiètements. Mais l'usurpateur, ou le chef d'un gouvernement de fait, quand même il serait naturellement bon, libéral, ne pourra gouverner que par le despotisme, parce qu'il faut avant tout comprimer les partis, étouffer l'esprit de révolte, autorisé, alimenté par le principe même qui sert de base à l'ordre politique.

Rien donc ne doit moins étonner que le tort qu'a fait à la France la révolution de juillet, sous le rapport de la liberté (ne parlons ni de prospérité ni de gloire). Si les procès de la presse, qui, sous la restauration, étaient, année commune, de 30 à 35, ont été, depuis, portés à 395 en un an, si les écrivains sont emprisonnés préventivement, ce que la restauration n'a jamais tenté, c'est que la presse est plus à redouter, aujourd'hui que le droit du gouvernement repose sur la base fragile de la souveraineté du peuple; si les impôts ont été doublés, si des administrations, libres sous les Bourbons, ont été mises dans la dépendance du gouvernement, si l'on doit établir pour l'armée des conseils d'honneur dont les sentences devront être confirmés par le roi-citoyen, c'est qu'il faut intriguer, se faire des créatures, tenir tout dans la dépendance, c'est qu'il faut étayer de toute part un édifice qui n'a pas de base; si l'on a augmenté l'armée, moins encore dans la crainte de la guerre que pour l'opposer aux séditions, aux révoltes, si l'on demande continuellement des fonds secrets pour la police, si l'on embrigade une partie du peuple pour assommer l'autre, si les rues sont obstruées de sergents de ville qui versent le sang de ceux qu'ils arrêtent, en disant : *va maintenant te faire acquitter*, c'est qu'il faut donner une force matérielle à l'autorité, privée qu'elle est de cette force morale que donne le droit dans la conscience des peuples; si enfin l'argent de la liste civile qui, sous la restauration, était employé soit à soulager l'infortune, soit à protéger les arts et les sciences, passe aujourd'hui à l'étranger, c'est qu'autrefois le roi agissait comme étant uni à son peuple d'une manière indissoluble, et qu'aujourd'hui le prince, élevé au trône à la suite d'une insurrection, doit penser à l'avenir, n'ayant d'autre garantie de son haut et lucratif emploi, qu'une déclaration que peut annuler une autre déclaration, à la suite d'une insurrection nouvelle. On a donné une couleur politique aux fossés des Tuileries, dont le but ne saurait être une simple séparation qu'eût pu former une double grille ; on a dit que les fortifications de Paris étaient dirigées contre la ville, plutôt que contre les ennemis du dehors. De telles précautions, mon ami, n'ont rien d'étonnant de la part d'un gouvernement qui n'a d'autre appui que la force matérielle.

Je dis que le prince légitime est uni à son peuple d'une manière indissoluble, car il n'appartient à personne d'anéantir le droit, de faire que la vérité devienne mensonge, que la justice cesse de l'être. Or il suffit de savoir lier deux idées ensemble, de ne pas être entièrement privé de sens pour voir que ce qui fait la nationalité d'un peuple, ce sont ses mœurs, son caractère, la nature de ses intérêts, que ce qui fait la nation, c'est l'union des individus en un seul corps ; que la constitution, les lois fondamentales sont l'expression de cette nationalité, sont le lien dont la rupture détruit la nation, ne laisse plus que des individus ; que par conséquent le roi national est le roi qui existe en vertu de ces lois, qu'il n'y a rien de moins national qu'un roi élevé au trône à la suite d'une émeute de rue, d'une effervescence d'un moment. Il suffit aussi d'être tant soit peu sensible à ce qui est juste, vrai, légitime, pour ne voir l'usurpation des droits politiques, droits nécessaires, droits contre lesquels il n'est pas moins ridicule d'invoquer l'absurde souveraineté du peuple, et par conséquent tout aussi sacrés que les autres droits sociaux, la propriété, l'hérédité, pour ne voir, dis-je, une telle usurpation qu'avec une indignation et une douleur d'autant plus profonde, que ces biens ont quelque chose de plus noble, de plus précieux, qu'une propriété territoriale, et que souvent ils sont perfidement ravis à des princes bons et bienfaisants dont tout le tort est de ne pas avoir montré assez de méfiance.

Ainsi sous l'influence de la légitimité, le prince a moins à craindre les révoltes, les insurrections, non-seulement parce qu'il n'y a pas de principe qui les produise, mais encore parce qu'elles ne peuvent anéantir son droit, et lui laissent toujours l'espérance probable, pour ne pas dire certaine, de son retour. Car on a beau dire, le droit est quelque chose dans le monde, et aux yeux de la plupart des hommes, Henri de Béarn est plus roi dans son exil et dans sa pauvreté, plus sûr de régner en définitive que Louis-Philippe avec toutes ses richesses au château des Tuileries ; et ce prince lui-même échangerait volontiers sa position contre celle du jeune Henri. Mais le souverain de fait a tout perdu dès qu'une révolte le fait descendre d'un rang où ses intrigues, sa perfidie, son ambition, ses crimes l'ont élevé. Quelles précautions ne doit-il donc pas prendre pour comprimer les factions, prévenir toute espèce de révolte, pour détourner un revers de fortune qui ne lui laisserait de sa grandeur passée que l'isolement et es remords, que le mépris et la haine d'un peuple qui était heureux, sous le sceptre de ses rois légitimes, et auquel son ambition, ses perfides ruses, ont causé des maux incalculables. Heureux encore et le peuple et le prince, si celui-ci, pour fermer l'abîme qu'il vient d'ouvrir, remet l'autorité à qui elle appartient, et rasseoit l'ordre social attaqué dans sa base ! Il prouve alors que, s'il a pu être abusé par quelques sophismes, le cœur du moins n'était pas criminel, et détruit, par cette restitution volontaire, des accusations hasardées peut-être, mais auxquelles son élévation n'a donné que trop de vraisemblance. Non, mon ami, jamais un gouvernement de fait ne peut donner à un pays l'ordre et la liberté. Il les promet d'abord; car c'est en flattant bassement le peuple qu'il s'établit, mais cette liberté doit le tuer, ou il faut qu'il la tue lui-même, et fasse peser sur le pays un despotisme brutal, despotisme qui serait d'autant plus intolérable aujourd'hui en France, que la gloire ne le couvrirait pas de son voile. Le droit, la légitimité, est donc la seule garantie de l'ordre et de la liberté dans un état.

Les pouvoirs politiques doivent se maintenir tels qu'ils sont constitués, tels qu'ils résultent des intérêts nationaux, tels que les a faits l'expérience des siècles, monarchiques si l'étendue du pays, le nombre, le naturel des habitants, etc., demandent la monarchie, et c'était, comme je te l'ai montré dans ma première Lettre, la première raison qui faisait à Charles X un devoir de maintenir les droits de la couronne, en résistant aux empiétements de la démocratie. J'avais présenté, pour confirmer mes raisonnements, l'odieux impôt dont on a frappé la classe laborieuse et pauvre, privée par l'abaissement du pouvoir royal, de son défenseur, de son représentant naturel, et livrée aux exigences, aux vexations de la moyenne propriété : cet impôt sur lequel la Chambre avait cru devoir revenir, ou du moins faire semblant de revenir devant les émeutes, vient d'être maintenu. Le fisc percevra la taxe jusque sur les ouvertures sans chassis des habitants de la classe indigente, jusque sur la lumière du pauvre, jusque sur de simples trous pratiqués dans des murs d'argile, un amendement tendant à excepter de l'impôt ces misérables trous, ayant été rejeté. Les pouvoirs doivent encore se maintenir, toujours dans l'intérêt des peuples, en tant que pouvoirs légitimes, et c'était encore une autre raison pour Charles X de résister au libéralisme qui en voulait à la légitimité elle-même, comme ce Prince le disait au duc de Fitz-James, comme l'expérience ne l'a que trop prouvé, et comme les libéraux l'ont reconnu eux mêmes en disant qu'ils avaient travaillé à rendre tout gouvernement impossible pour les Bourbons. Charles X devait donc chercher, en maintenant le principe de l'ordre, à sauver la France de la honte, de la nullité politique, du despotisme, de la misère et de tous les maux où devait nous plonger la substitution d'un gouvernement de fait à la légitimité. J'ai cru, mon ami, devoir te soumettre préliminairement ces considérations sur les devoirs du roi de France en 1830, avant que d'entamer la discussion des ordonnances, et de tout ce qui y a donné lieu, discussion que je compte commencer dans ma prochaine lettre. En attendant, envoie moi, je te prie, tes réflexions sur ce que je dis dans celle-ci; ne m'épargne pas. Par la discussion contradictoire, on s'éclaire mutuellement, et l'on parvient plus sûrement à la connaissance de la vérité (*).

(*) Je prie mes lecteurs de se rappeler que l'ami auquel j'adresse mes Lettres, c'est le public; je réponds avec plaisir aux difficultés qu'on me fait l'honneur de m'adresser. (Affranchir.)

MADAME LA DUCHESSE DE BERRY.

A peine Madame la duchesse de Berri eut-elle reçu la nouvelle du fléau qui désole aujourd'hui la France, qu'elle envoya 12,000 francs pour le soulagement des cholériques ; mais le Milieu, prêtant à cette princesse sa basse cupidité, refusa ce don, n'y voyant, dit-il, qu'un but politique et non une intention charitable. Que faites-vous, hommes déloyaux et perfides, qui poursuivez le malheur jusque dans ses bienfaits ! ne voyez-vous pas que votre maligne interprétation porte plus loin que vous ne voulez, qu'elle atteint votre chef ? Lui aussi a donné, beaucoup moins, il est vrai, proportionnellement à sa fortune, que la bonne duchesse ; il a aussi *promis*, vingt fois moins que n'avaient *donné*, en pareille occasion, ceux dont il occupe aujourd'hui la place, mais enfin il a donné et promis. Or, au milieu de la désaffection que l'on remarque de tout côté, serait-on moins fondé à lui prêter aussi un but politique, à suspecter ses intentions? Mais poussons plus loin la comparaison, puisqu'on a commencé l'attaque. Le moyen le plus simple, le plus facile de voir si un acte de bienfaisance part du cœur, si c'est réellement un acte de bonté, c'est d'examiner la conduite antérieure, les sentiments habituels, le caractère connu de la personne qui donne. Or, on sait que le roi Louis-Philippe est le prince de l'Europe le plus riche, mais aussi le plus économe. Bon père de famille, il s'est toujours occupé d'accumuler des trésors pour doter richement ses enfants. Mais comme on ne peut pas réunir toutes les vertus, son coffre est ordinairement fermé au malheur, à l'indigence. Si donc il était permis de juger les intentions, ne serait-on pas fondé à penser qu'en cette occasion l'esprit de ce prince a cédé à des vues politiques, plutôt que son cœur ne s'est ouvert à un sentiment de bienfaisance. Au contraire, on connaît les prodigalités, et surtout le genre de prodigalités de Madame la duchesse de Berri et des autres membres de l'ancienne famille royale; on sait qu'ils donnaient tout ce qu'ils avaient. Secours pour infortunes imprévues, petites pensions à des veuves, à des vieillards (11,000 sur la liste civile de Charles X), maisons d'orphelins, établissements de bienfaisance à fonder ou à soutenir; telles étaient, avec les dépenses pour animer le commerce et encourager les arts, les prodigalités de cette famille, et en particulier de la bonne duchesse. On compte, en quatre ans, plus de deux millions de bienfaits du duc de Berri, et deux millions abandonnés sur son traitement aux départements qui avaient le plus souffert de la guerre. La bienfaisance et le désintéressement sont naturels dans cette famille; elle donne sans effort, sans calcul et sans ostentation; elle donne pour le seul plaisir de soulager le malheur. Ma Caroline, disait le duc de Berri la veille de sa mort, ma bien-aimée, pendant que les riches s'amusent à toutes sortes de divertissements (ils parlaient des plaisirs des jours gras), les pauvres malheureux souffrent; qui ne pense qu'à soi n'est pas digne de vivre. Et aussitôt il envoie 1,000 francs au bureau de charité. Je te le demande, mon ami, s'il est permis de suspecter l'intention charitable, de ne voir qu'un but politique, est-ce du côté de la princesse que doivent naturellement porter les soupçons? Ils sont donc bien injustes et bien maladroits, les hommes qui ont si méchamment et si sottement interprété l'intention de la bonne duchesse.

Pourquoi, dit-on, ne s'est-elle pas couverte du voile de l'anonyme? Et quand au plaisir de faire le bien, se fût jointe en elle la pensée de montrer à la France qu'elle aime, dont son exil lui a causé tant d'angoisses et de déchirements, que, malgré son infortune, elle a toujours le même cœur; quand elle eût encore désiré que son nom fût béni par le pauvre, qui oserait lui en faire un crime? Pour moi, bien différent de nos hommes du milieu, quoique aussi fortement constitutionnel, je crois que la duchesse devait publier son action. Elle est mère, et son fils, suivant le principe fondamental de toute société, l'inviolabilité des conventions qui en font la base, a seul droit à la couronne, seul il y est appelé par la volonté de la nation, c'est-à-dire d'une société dont les lois fondamentales forment le lien nécessaire, agissant par conséquent d'après ces lois et avec son roi, puisque c'est une monarchie. Or, pour rejeter ce principe de nationalité, pour entendre autrement la nation, pour n'y voir qu'un amas d'individus sans liens, sans antécédents, libres et indépendants les uns des autres, amas qui peut par conséquent se diviser, se subdiviser suivant le caprice des volontés individuelles, changer tout-à-coup et reprendre de suite les résolutions les plus contraires; il faut renoncer à toute idée de société, il faut être fou. Je me trompe, mon ami, il faut avoir reçu la connaissance du principe surnaturel de notre ordre politique : Louis-Philippe est appelé au trône par le vœu de tous les Français présents et à venir; mais ce principe est mystérieux, et tellement mystérieux, que moi, tu le croiras à peine, moi, habitant de la grande ville des barricades, moi, au centre des lumières philosophiques et libérales, moi, témoin du miracle de notre union, de notre gloire, de notre prospérité, de notre bonheur, j'éprouve encore des doutes, et suis réduit à dire au *milieu*, comme ce Juif qui demandait au Sauveur la guérison de son fils : Aidez moi, Seigneur, dans mon incrédulité. Et l'on veut que la duchesse de Berry, éloignée du foyer des lumières, s'élève à la hauteur de ce principe, qu'elle ne pense pas, n'agisse pas, selon les seules lumières qui peuvent l'éclairer, celles du bon sens ; qu'elle trahisse ses devoirs de mère, en négligeant de soutenir des droits que sans doute nous devons repousser de toutes les forces de notre foi constitutionnelle, mais qui, convenons-en, sont, logiquement du moins, les seuls conformes à la justice. Ajoutons à cela que cette princesse peut croire, comme j'en suis persuadé moi-même, qu'en ramenant en France la légitimité, elle y rétablira la seule base possible de l'ordre, de la liberté et du bonheur public. Ainsi, en ne repoussant pas l'influence salutaire que devait avoir son acte de bienfaisance sur l'esprit des Français, elle a pu obéir à un penchant louable pour les intérêts de son fils et pour ceux de la France, comme elle a suivi, en soulageant le malheur, ce naturel de bonté, de générosité, de désintéressement, dont elle nous donnait continuellement des marques dans les jours de sa prospérité.

VARIÉTÉS.

Il ne me reste plus, mon ami, que quelques lignes pour te parler d'un petit ouvrage plein de détails intéressants ; il est intitulé *Nouveaux souvenirs d'Holy-Rood*. Je ne t'en citerai que quelques passages. M. le duc d'Orléans, son épouse et Mlle Adélaïde se crurent obligés de rendre une visite à la famille royale lors de la naissance du duc de Bordeaux. « Enfin il n'y avait per- » sonne, dit en entrant Mlle Adélaïde à sa belle-sœur. Je » vous demande pardon, dit quelqu'un que le basard avait » placé derrière elle; M. le maréchal Suchet y était, et » déclarera ce qu'il a vu. Pour M. le duc d'Orléans, » il ne put se contenir devant Mme. de Gontault, à qui » on avait remis le jeune prince, et ses propos furent si » amers, si offensants, que Mme. de Gontault, toute en » larmes, s'écria : C'est horrible; M. le maréchal, venez » donc répondre à M. le duc d'Orléans. »

» Il faut pardonner à un premier mouvement bien natu- » rel, disait, le lendemain, Mlle Adélaïde pour excuser » son frère, on ne perd pas sans regret une couronne » pour ses enfants. »

« Un jour, à déjeûner chez Louis XVIII, M. le duc » d'Orléans disait qu'avec le morcellement des propriétés » résultat du code civil, si chacun de ses enfants avait » une famille aussi nombreuse que la sienne, ses petits-fils » seraient obligés de se faire savetiers pour vivre. Eh » bien, mon cousin, de quoi vous plaignez-vous, lui dit le » Roi ? Il me semble qu'avec vos idées républicaines, cette » perspective doit vous sourire. »

Il faut avouer que M. le duc d'Orléans n'était plus le même en 1830. Il ne voulait pas alors, comme chacun sait, de la couronne qu'il avait tant désirée autrefois, et en l'acceptant, il montra au moins quelque antipathie pour ce droit d'aînesse qu'il demandait sous la restauration, mais que celle-ci ne crut pas devoir faire adopter à la Chambre des Pairs, par le moyen d'une fournée.

En vérité, mon ami, bien a pris à la nation (nation est le mot légal) de ne pas appeler dès-lors M. le duc d'Orléans au trône : aujourd'hui la Chambre des Pairs n'est plus un embarras; on a l'usage des fournées pour y faire passer les lois. Ce que c'est pourtant que d'avoir un gouvernement franchement constitutionnel, et surtout une Charte-vérité !

Il résulte encore de ces révélations, que si Louis-Philippe a cherché, par son influence auprès des Bourbons de la branche aînée, à prévenir la catastrophe de juillet, ce n'a pas été en les détournant de présenter la loi du droit d'aînesse, ni, je crois, celle de l'indemnité dont il a retiré dix millions ; joli petit denier qui pouvait le distraire un peu de l'idée importune que ses petits-fils seraient obligés de se faire savetiers pour vivre : ce n'a pas été non plus à Rosny, quelques mois avant la révolution, où, s'il faut en croire le chef d'escadron Lennox, il aurait félicité le Roi Charles X sur sa proclamation aux électeurs, et aurait surtout loué la fermeté de sa conduite. Je ne sais, en vérité, dans quelles autres circonstances les conseils de Louis-Philippe à ses parents, ont pu être plus opportuns : car il leur en a donné; il l'a dit lui-même : et, Dieu merci, nous ne vivons plus sous le règne de la duplicité, de la déception et du mensonge.

Reçois, mon ami, l'expression de mon sincère attachement,

Ton tout dévoué,

BESNIER.

IMPRIMERIE DE BÉTHUNE,
RUE PALATINE, N° 5.

www.ingramcontent.com/pod-product-compliance
Ingram Content Group UK Ltd.
Pitfield, Milton Keynes, MK11 3LW, UK
UKHW022142170726
13837UKWH00004B/1734